Dieter Breuninger

Hegels Wissenschaft der Logik, Mathematik und Naturwissenschaften

GRIN Verlag

Bibliografische Information der Deutschen Nationalbibliothek:

Die Deutsche Bibliothek verzeichnet diese Publikation in der Deutschen National-bibliografie; detaillierte bibliografische Daten sind im Internet über http://dnb.d-nb.de/ abrufbar.

Impressum:

Copyright © 2002 GRIN Verlag GmbH
Druck und Bindung: Books on Demand GmbH, Norderstedt Germany
ISBN: 978-3-640-13416-8

Dieses Buch bei GRIN:

http://www.grin.com/de/e-book/109515/hegels-wissenschaft-der-logik-mathematik-und-naturwissenschaften

GRIN - Your knowledge has value

Der GRIN Verlag publiziert seit 1998 wissenschaftliche Arbeiten von Studenten, Hochschullehrern und anderen Akademikern als eBook und gedrucktes Buch. Die Verlagswebsite www.grin.com ist die ideale Plattform zur Veröffentlichung von Hausarbeiten, Abschlussarbeiten, wissenschaftlichen Aufsätzen, Dissertationen und Fachbüchern.

Besuchen Sie uns im Internet:

http://www.grin.com/

http://www.facebook.com/grincom

http://www.twitter.com/grin_com

Hegels *Wissenschaft der Logik*, Mathematik und Naturwissenschaften

Sektionsvortrag

beim

24. Kongress

Autor: Dieter Breuninger

Inhaltsverzeichnis

Einleitung

In seinem Werk *Wissenschaft der Logik* hat HEGEL die *Selbstbewegung der Begriffe* darge-stellt. Diese Bewegung vollzieht sich *vom Abstrakten zum Konkreten* nach dem dialektischen Prinzip.

Als Beispiel dazu fällt mir der Euro ein. Jahrelang existierte dieser nur als Idee in verschiede-nen Konkretisierungsstufen bevor er als konkrete materielle Äußerlichkeit in Form von Mün-zen und Scheinen realisiert war.

Aber wenn wir heute eine konkrete Euromünze in der Hand halten, wollen wir trotzdem wis-sen, welchen abstrakten Wert diese Münze symbolisiert, d.h. beim normalen Erkenntnispro-zess erfolgt eine Begriffsbewegung *vom Konkreten zum Abstrakten*. In den Naturwissenschaf-ten, in denen es darum geht, Messwerte und Sinneseindrücke richtig einzuordnen, ist diese Bewegungsrichtung nicht nur naheliegend, sondern sogar zwingend erforderlich.

Anschaulich gesprochen will ich auf folgendes hinaus:
In seiner Philosophie hat Hegel den Weg, der zur Wahrheit führt, mit seinen vielen Stufen und Windungen richtig gesehen und beschrieben. Als Ausgangspunkt wählte er die abstrakte Ein-heit von SEIN und NICHTS. Wenn wir diesen Weg aber beschreiten wollen, bleibt uns nichts anderes übrig als die Stelle, an der wir uns gerade befinden, z.B. die konkreten Tatsachen des naturwissenschaftlichen Weltbilds, als Ausgangspunkt zu nehmen. Dabei ändert sich der Weg nicht. Die einzige Änderung besteht in der *Bewegungsrichtung*.

Anstöße für die Bewegung vom Konkreten zum Abstrakten sind in der materiellen Welt man-nigfaltig vorhanden. Das Problem, das sich dabei ergibt, liegt nun darin, dass diese Bewegung sehr schnell an die Grenzen der Vorstellungen a priori, d.h. *Raum* und *Zeit*, stößt.

Bekanntlich erfolgt bei Hegel die Bewegung der Begriffe nach dem Prinzip der Negation. Die These, die ich aufstellen möchte, ist ganz einfach folgende:
Bei der Bewegung der Begriffe vom Konkreten zum Abstrakten impliziert die Negation der Begriffe die Negation der Vorstellungen a priori.

In der Grenze der Vorstellungen a priori sehe ich nämlich eine der Hauptursachen für den derzeitigen Gegensatz zwischen den Natur- und Geisteswissenschaften.

Da die Begriffe Raum und Zeit eng mit der Mathematik verknüpft sind, ist es naheliegend, sich mit mathematischen Beschreibungsmethoden der Problematik zu nähern.

Dialektik und Mathematik

Schon der überragende Technikphilosoph Gotthard Günther hat darauf hingewiesen, dass eine zweiwertige Logik, wie sie in der Mathematik und den Naturwissenschaften verwendet wird, mit Hegels Prinzip der Negation der Negation unvereinbar ist. So schreibt HEGEL in seinem Werk *Wissenschaft der Logik* folgendes über die Negation:
„Indem das Resultierende, die Negation, *bestimmte* Negation ist, hat sie einen *Inhalt*. Sie ist ein neuer Begriff, aber der höhere, reichere Begriff als der vorhergehende; denn sie ist um dessen Negation oder Entgegengesetztes reicher geworden, ...".
Daraus folgt, dass die *Synthese* als Negation der Negation sich grundlegend von der *These* unterscheidet, während man in der herkömmlichen mathematischen Logik wieder beim ursprünglichen Begriff landet (Widerspruchsfreiheit: „tertium non datur"). Das naturwissenschaftliche Weltbild kollidiert also schon mit den einfachsten philosophischen Grundbegriffen. Gotthard Günther versuchte das Problem zu lösen, indem er eine neue Art von Logik einführte, die er *Polykontexturalitätslogik* nannte.

Erst in der Mitte des vergangenen Jahrhunderts kamen in der Mathematik Konzepte auf, die hinreichend abstrakt waren, um eine mehrwertige Logik und damit das Prinzip der Negation der Negation zuzulassen. Um komplexe mathematische Sachverhalte, wie sie hauptsächlich in der Homologischen Algebra auftreten, besser beschreiben zu können, entwickelte man die *Kategorientheorie*.

Die Definition einer Kategorie findet man in sehr vielen Mathematikbüchern. Der folgende Text stammt aus dem Buch *Topologie* von K.P.GROTEMEYER:
„Eine *Kategorie* C besteht aus einer Klasse Ob(C) von Objekten und aus Mengen Mor(A,B) zu je zwei Objekten A,B ∈ Ob(C) und aus einer Abbildung

$$\text{Mor(A,B)} \times \text{Mor(B,C)} \longrightarrow \text{Mor(A,C)}$$
$$(f , g) \longmapsto g \circ f$$

zu je drei Objekten A, B, C ∈ Ob(C), so dass gilt:

Kat$_1$) Wenn f ∈ Mor(A,B), g ∈ Mor(B,C) und h ∈ Mor(C,D), so ist
$$h \circ (g \circ f) = (h \circ g) \circ f$$

Kat$_2$) Zu jedem A ∈ Ob(C) gibt es mindestens ein 1_A ∈ Mor(A,A), so dass
für alle f ∈ Mor(A,B), g ∈ Mor(C,A) gilt:
$$f \circ 1_A = f \text{ und } 1_A \circ g = g .$$

Die Elemente der Mengen Mor(A,B) heißen *Morphismen*; g ∘ f heißt *Komposition* von f und g ."

Insbesondere ist mit der kategoriellen Logik eine mehrwertige Logik möglich. Neben der mehrwertigen Logik bietet die Kategorientheorie den Vorteil, dass Objekte nicht mehr durch ihre interne Elementstruktur beschrieben werden müssen, sondern die Objektstrukturen ergeben sich aus den Beziehungen zu anderen Objekten, sogenannte Morphismen, die man in Termen der Hegelschen Philosophie als *Momente* bezeichnen könnte.

In dem Buch von EHRIG,MAHR,CORNELIUS,GROßE-RHODE,ZEITZ, *Mathematisch-strukturelle Grundlagen der Informatik*, finden sich dazu die folgenden Ausführungen:
„Kategorielle Beschreibungen und Konstruktionen von Objekten sind immer strukturell, d.h., sie beziehen sich ausschließlich auf die Rolle, die das Objekt in der Kategorie (Gesamtstruktur) einnimmt. Das bedeutet, dass nur die Beziehungen zu den anderen Objekten benutzt werden, während der innere Aufbau des Objekts irrelevant ist. Die innere Komplexität der Objekte wird also vollständig gekapselt. Die Sprache der Kategorientheorie wird damit zu einer

universellen Beschreibungssprache, die auf alle möglichen Bereiche angewendet werden kann. ... Da die Objekte einer Kategorie i. allg. keine Elemente haben, d.h. auf die innere Struktur nicht zugegriffen werden kann, können die kategoriellen Begriffe nur mit Hilfe der äußeren Struktur der Objekte beschrieben werden, die durch die Morphismen ... gegeben ist." D.h. mit der Kategorientheorie sind *grobe Bestimmungen* möglich, die entsprechend der Hegelschen Philosophie schrittweise verfeinert werden können. Die universelle Beschreibungssprache in der Mathematik ist also eine logische und exakte Methodik für eine holistische Denkweise. Diese kann man sich nun in der Mathematik und in den Naturwissenschaften zunutze machen.

Dazu möchte ich zunächst den folgenden Satz aus dem Werk *Kritik der reinen Vernunft* von I. KANT zitieren:
„Der Raum ist eine notwendige Vorstellung a priori, die allen äußeren Anschauungen zum Grunde liegt."

Nun zeigt sich in den Naturwissenschaften und teilweise auch in den Geisteswissenschaften eine enge Fixierung auf den dreidimensionalen Raum in der Art, dass gesagt wird, dass nur Objekte, die im dreidimensionalen Raum erkennbar oder vorstellbar sind, als real und rational erfassbar gelten, alles andere wäre irrational.

Die Kategorientheorie bietet nun die Möglichkeit, zumindest grob, Räume zu spezifizieren, denen keine Mengenstruktur zugrundeliegt. Dabei kann man nach meiner Meinung drei Arten von Dimensionen unterscheiden:
- positive Dimensionen
- negative Dimensionen (erste Negation)
- affirmative Dimensionen (wegen der Negation der Negation)

Darüber hinaus sind noch Mischformen denkbar.

Ähnliches gilt auch für die Zeit.

Damit sind Raum und Zeit nicht mehr statisch, sondern ein *dialektischer Prozess*. Es ist also möglich und sinnvoll, die Selbstbewegung der Begriffe auch auf die *Vorstellungen a priori* anzuwenden. Als Ausgangspunkt der Bewegung sind die üblichen mathematischen Begriffe eines dreidimensionalen Raums und einer eindimensionalen Zeit durchaus ausreichend.

Ein Beispiel zum dialektischen Prinzip

Da in den Naturwissenschaften - bedingt durch die engen Grenzen bzw. Randbedingungen der Vorstellungen a priori *Raum* und *Zeit* - philosophische Grundprinzipien nur unzureichend berücksichtigt werden, ist es zweckmäßig, mathematische Beschreibungsmethoden zunächst einmal nur auf einfache philosophische Überlegungen anzuwenden.

Deswegen führe ich mit dem folgenden Auszug aus dem Text *DIE DREI BILDER DER WELT, EIN SPRACHKRITISCHER VERSUCH* (Autor: Fritz Mauthner, Bearbeiter: Djavid Salehi) den Begriff der *drei Weltbilder*, sogenannte *Aussäglichkeiten*, des Sprachkritikers Fritz Mauthner ein:

„Der Sprachkritiker Fritz Mauthner konnte für die Erkenntnis der Welt keine andern als sprachliche Kategorien finden. In drei Welten musste er sie gliedern: *Substantiv, Adjektiv, Verbum.*

Die *substantivische Welt*, das ist die Welt der Mystik, der Mythologie, der bloßen Erscheinung, das ist die Abstraktion der -heiten, -keiten, -schaften. **Platon** ist ihr Erfinder ...

Die *adjektivische Welt*, das ist das Reich des Sensualismus, des Materialismus, der Kunst, die sogenannte wirkliche Welt von Stoff und Kraft, in den Grenzen der **Naturwissenschaften**.

Die *verbale Welt* ist die Welt der Bewegung, Wirkung, Tätigkeit, mit verborgenen Zwecken, mit Sinneseindrücken, die zu Kräften und Energien werden, das Reich des **Heraklit**.
. . .

Eine gewisse Ähnlichkeit zwischen meinem dreifachen Weltbilde und der im Dreitakt sich vollziehenden *Selbstbewegung der Begriffe*, wie Hegel sie lehrt, wäre freilich unauffindbar für jeden, der Hegels Dialektik auf Treu und Glauben für Metaphysik nimmt."

Bei Hegel beinhaltet die Selbstbewegung der Begriffe nun die folgenden Beziehungen:
Die These geht mittels der Antithese über in die Synthese, d.h. *These —> Antithese —> Synthese*.

Um die Beziehungen zwischen den drei Weltbildern Mauthners anhand des Dreitakts *These —> Antithese —> Synthese* darzustellen, möchte ich die vielstufige und komplexe Selbstbewegung der Begriffe in der Philosophie Hegels auf die Bewegung einer Stufe beschränken.

Dazu setze ich
die *substantivische Welt* als These,
die *verbale Welt* als Antithese und
die *adjektivische Welt* als Synthese.

Das ergibt die Beziehungen: *substantivische Welt —> verbale Welt —> adjektivische Welt*, d.h. die substantivische Welt der Ideen geht mittels *Bewegung* in die konkrete adjektivische Welt der Naturwissenschaften über.

Betrachten wir jetzt als Beispiel den Begriff eines staatlichen Gesetzes als physikalisch wirksame Idee.

Hegel schreibt dazu in seinem Werk *Wissenschaft der Logik*:
„In dem Gesetze tut sich der bestimmtere Unterschied von *ideeller Realität* der Objektivität gegen die *äußerliche* hervor."

Daraus folgt insbesondere, dass die Idee eines Gesetzes nicht in der Äußerlichkeit eines gedruckten Textes oder in den Gehirnwindungen eines zufälligen Lesers enthalten ist.

Dieses Beispiel lässt sich in Termen der Hegelschen Philosophie durch das folgende Diagramm darstellen:
Gesetz-Idee —> Begriffsbewegung —> äußerliche Realität des Gesetzes.

Mathematisch lässt sich ein staatliches Gesetz nun als eine Beziehung zwischen einer abstrakten Idee und einer Klasse von gedruckten Texten darstellen. Wichtig dabei ist vor allem der Begriff der *Beziehung*. In der Philosophie Hegels entspricht diese Beziehung der Selbstbewegung der Idee.

```
{Gesetz-Ideen}
     ▲
     ║ Beziehung
     ▼
{Gesetzes-Texte}
```

Mathematische Spezifikation:

Ein Gesetz ist eine Beziehung zwischen einer Klasse von Ideen {Gesetz-Ideen} und einer Klasse von gedruckten Texten {Gesetzes-Texte} derart, dass:
Wenn zwei Menschen jeweils ein Objekt der Klasse der gedruckten Texte {Gesetzes-Texte} lesen und verstehen, gibt es (genau) eine Beziehung zwischen den entsprechenden Ideen aus {Gesetz-Ideen} *(universelle Eigenschaft).*

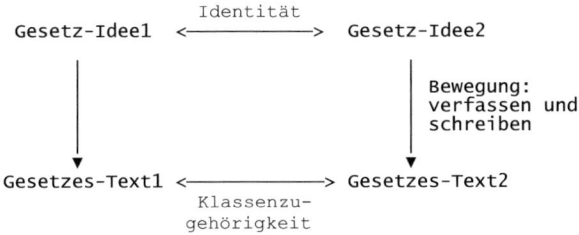

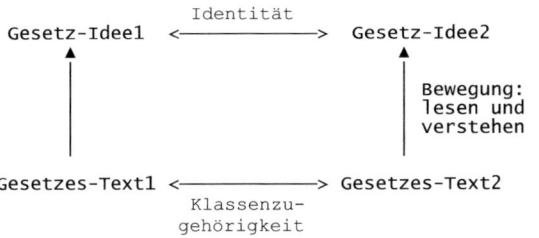

Der Unterschied zwischen der philosophischen und der mathematischen Beschreibungsweise ist marginal. Nur ist die mathematische Beschreibung, wie es eigentlich zu erwarten war, etwas detaillierter.

Dieses Beispiel zeigt nun einen wichtigen Aspekt der Bewegung der Begriffe:
Die Bewegungen, die den Beziehungen entsprechen, sind in beide Richtungen möglich. Sowohl von der abstrakten Idee zur konkreten Äußerlichkeit (wofür Hegel den Begriff des *Werdens* verwendet) als auch von den konkreten Buchstaben zur abstrakten Idee, abhängig davon, ob ein Gesetz neu verfasst bzw. geschrieben oder ob das Gesetz gelesen wird.

Dialektik und Physik

Nach den logischen wenden wir uns nun den physikalischen Bestimmungen zu. Aus naheliegenden Gründen nehmen wir als Ausgangspunkt die diesseitige adjektivische Welt der Naturwissenschaften. Diese besteht aus Sinneseindrücken und Messwerten sowie einer großen Anzahl von elementbasierten Modellen, um diese einzuordnen. Sie ist die Welt der Schatten in Platons Höhlengleichnis.

Die Betrachtungen des vorigen Abschnitts haben ergeben, dass sich die Richtung in Hegels Bewegung der Begriffe auch umkehren lässt, was ja naheliegend ist, wenn man von der äußerlichen Welt der Naturwissenschaften ausgeht. Die Bewegung ergibt sich dabei durch Negation. Die Schwierigkeit ist nun, dass in diesem Fall die Negation des Begriffs „Diesseits" auch eine Negation der zugrundeliegenden Vorstellungen a priori impliziert. Bekanntlich stellt man sich *Raum* und *Zeit* als Punktemengen mit passenden Strukturen vor, d.h. die Strukturen dieser Vorstellungen a priori sind elementbasiert. Bei der Negation verschwinden nun diese Elementstrukturen. Sowohl die Negation des Diesseits als auch die zugrundeliegenden Vorstellungen a priori lassen sich nicht mehr durch *Elemente*, sondern nur noch durch *Momente* bestimmen. Anlehnend an das im Abschnitt „Dialektik und Mathematik" gesagte, könnte man auch von Raum und Zeit mit negativen Dimensionen sprechen.

Die Grenze zwischen Diesseits und der Negation dieses Begriffs wird in der Disziplin der Quantenphysik behandelt. Es würde Jahrzehnte dauern, alle quantenmechanischen Formeln und Theorien daraufhin zu untersuchen, ob sie die These des Übergangs bestätigen oder widerlegen.

Darum möchte ich an dieser Stelle nur zwei Formeln herausgreifen, die nach meiner Meinung die These des Übergangs besonders anschaulich belegen, nämlich die Heisenbergschen Unschärferelationen (vgl. z.B. T.MAYER-KUCKUK, *Atomphysik*):

$$\Delta p * \Delta r \geq \hbar \qquad \text{p Impuls, r Raum und}$$
$$\Delta E * \Delta t \geq \hbar \qquad \text{E Energie, t Zeit,}$$
$$\hbar = h/2\pi \quad \text{Plancksches Wirkungsquantum}$$

Es fällt auf, dass in der ersten Ungleichung der *Raum* und in der zweiten die *Zeit* in Bezug zu einer physikalischen Größe gebracht wird. Die zugehörigen physikalischen Größen sind der *Impuls* für den Raum und die *Energie* für die Zeit. Damit sind die folgenden zwei Arten des Übergangs möglich:
1. Raumschnittstelle
2. Zeitschnittstelle.

An anderer Stelle findet sich in T.MAYER-KUCKUK, *Atomphysik*, folgender Satz:
„Ein freies Elektron mit scharf definierter Energie E und festem Impuls p ist weder zeitlich noch räumlich lokalisierbar!"

Ähnliches gilt auch für andere Teilchen. Wenn nun aber weder Raum noch Zeit jenseits der Grenze eine Rolle spielen, dann ist ein genauer Übergang für Impuls und Energie durchaus möglich, d.h. der Übergang dieser physikalischen Bestimmungen ist konstant, insbesondere bleiben auch ihre Werte konstant.

Ein weiterer Aspekt aus der Quantenphysik ist der Dualismus *Teilchen* <—> *Welle*. Wenn man die Quantenphysik als Grenze zwischen dem Diesseits und dessen Negation auffasst, ist klar, wie dieser Dualismus einzuordnen ist. Der Begriff *Teilchen* bezeichnet die Seite der

Grenze zur materiellen Welt hin, der Begriff *Welle* orientiert sich an der Seite der Negation des Diesseits, d.h. Wellen sind schon Bestandteil von Mauthners verbalen Welt der Bewegung.

Einige Physiker sind der Meinung, dass die gesamte Quantenphysik der Welt der Bewegung des Heraklit zuzuordnen ist, und sie bezeichnen Teilchen daher konsequenterweise als *Wellenpakete*.

Zwischen der Frequenz ν einer Welle und der Energie E besteht der folgende Zusammenhang:
$$\nu = E/h \qquad h \text{ Plancksches Wirkungsquantum.}$$

Damit ist gemäß den Heisenbergschen Unschärferelationen ein physikalischer Übergang für die Frequenz ν möglich. Dadurch wird die physikalische Größe ν durch die Begriffsbewegung eine Größe gleichen Wertes in der ideellen Realität Hegels.

Weil die Frequenz insbesondere eine Kennzahl für Töne ist, liegt die Vermutung nahe, dass Musik und Geräusche aller Art durch den zeitlichen Übergang eine physikalische Bedeutung in der ideellen Realität erlangen. Hegel bezeichnet das Gehör als einen Sinn, „der sich auf das Entfliehen aus der Materialität, auf das Übergehen zum Immateriellen, Seelenhaften, Ideellen bezieht" (G.W.F.HEGEL, *Enzyklopädie der philosophischen Wissenschaften II*, Abschnitt „Der Klang").

Als Beispiel betrachten wir wieder ein staatliches Gesetz. Man kann die Bewegung beim Lesen eines Gesetzes ändern, indem man annimmt, dass jemand das Gesetz nicht selbst liest, sondern dass er den Gesetzestext vorgelesen bekommt. Dann bestimmen nicht mehr die gedruckten Buchstaben die Idee des Gesetzes, sondern die gesprochene Sprache. D.h. Akustik und Geräusche können durchaus Wirkungen in der ideellen Realität zeigen.

Ein weiteres eindrucksvolles Beispiel sind die Inhalte elektronischer Medien, die ja nur aus Bild- und Tonfolgen, manche sagen auch Bewegung von Bildern und Tönen, bestehen. In diesem Beispiel dient der physikalische Bewegungsprozess (beim Abspielen) zur *Adressierung* vorgegebener Ideen, die sich durch Abstraktion von Figuren und Handlungen ergeben.

Dialektik und Biologie

Zu den biologischen Bestimmungen schreibt Hegel in seinem Werk *Wissenschaft der Logik* im Kapitel „Das Leben":

„ ... wenn das Lebendige als ein Ganzes, das aus Teilen besteht, als ein solches, auf welches mechanische oder chemische Ursachen einwirken, als mechanisches oder chemisches Produkt, es sei bloß als solches oder auch durch einen äußerlichen Zweck bestimmtes, genommen wird, so wird der Begriff ihm als äußerlich, es wird als ein *Totes* genommen.
... Ihre Äußerlichkeit ist der negativen Einheit der lebendigen Individualität entgegen."

Auch hier stoßen wir wieder auf die Fragestellung, ob die Struktur von Objekten, etwa von Zellen oder Organen als einer Gesamtheit von Zellen, durch *Elemente* oder durch *Momente* bestimmt ist. Hegel stellt richtig fest, dass Objekte als etwas Totes genommen werden, wenn man ihnen nur eine äußerliche Elementstruktur zugrundelegt. Denn gerade in der Biologie spielen Momente die entscheidende Rolle für die Objektstruktur.

Um das konkreter zu erläutern, ist es sinnvoll, die Beziehungen zwischen den einzelnen Zellen und einer Gesamtheit der Zellen ausführlicher zu betrachten.

Da ein Organ mehr ist als nur die Summe der einzelnen Zellen, ist es als Gesamtheit oder als Ganzes ein Objekt aus der ideellen Realität.

Bei biologischen Beziehungen spielt nun die Bewegungsrichtung im Sinne Hegels, also vom Abstrakten zum Konkreten, eine wichtige Rolle. *Die Momente der ideellen Gesamtheit spezifizieren wesentliche Teile der Struktur der einzelnen Zellen.* Konkret bedeutet das, dass z.B. die Eigenschaften eines Organs Funktion und Struktur der einzelnen Zellen bestimmen.

Die Bedeutung dieser Feststellungen will ich anhand von Laborversuchen mit Krebszellen erläutern, die der französische Musiker FABIEN MAMAN in seinem Buch *The Role of Music in the Twenty-First Century* beschrieben hat. Das Ergebnis dieser Versuche war, dass harmonische Musik Krebszellen stärker schädigt als normale Zellen.

Um dieses Ergebnis zu erklären, gehe ich - ganz im Sinne der Hegelschen Philosophie - davon aus, dass es in der ideellen Realität viele Stufen gibt.

Da eine einzelne Zelle ein lebendiges Objekt ist, gilt für sie die oben erwähnte Feststellung von Hegel „ihre Äußerlichkeit ist der negativen Einheit der lebendigen Individualität entgegen". D.h. eine Zelle lässt sich darstellen als eine Beziehung zwischen Äußerlichkeit und der ideellen Realität einer bestimmten Stufe, die ich einfach als Stufe 1 bezeichnen will. Die ideelle Realität der Stufe von Organen nenne ich dann Stufe 2.

Das lässt sich durch das folgende Diagramm verdeutlichen:

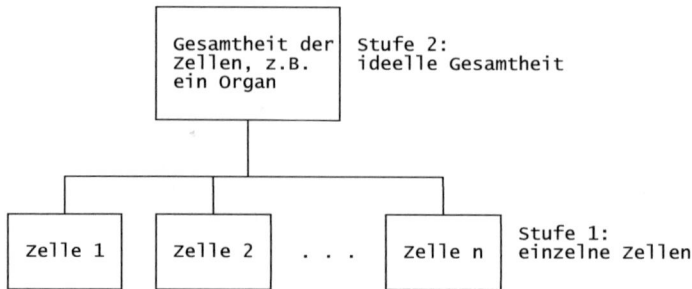

Nun ist es naheliegend davon auszugehen, dass die Beziehungen zwischen Stufe 1 und Stufe 2 bei Krebszellen weniger harmonisch sind als bei normalen Zellen, was sich auch an den durch die Momente spezifizierten Strukturen der Zellen zeigt.

Nach dem im Kapitel „Dialektik und Physik" gesagten, zeigt Musik und Akustik physikalische Wirkungen in der ideellen Realität (gemäß der Heisenbergschen Unschärferelation: $\Delta E * \Delta t \geq \hbar$ und der Gleichung: $v=E/h$). Da die ideellen Strukturen von normalen Zellen stärker auf Harmonie ausgerichtet sind als diejenigen von Krebszellen, ist es logisch, dass harmonische Musik Krebszellen schneller zerstört als normale Zellen.

Dieses Beispiel zeigt, dass es durchaus lohnend und unter Umständen sogar lebensnotwendig sein kann, sich näher mit den naturwissenschaftlichen Erkenntnissen Hegels zu befassen und diese präzise zu beschreiben.

Damit will ich meine Ausführungen über eine Naturwissenschaft im Sinne Hegels beenden.

Literaturverzeichnis

- G.W.F.HEGEL, *Wissenschaft der Logik I*, Suhrkamp Verlag, Frankfurt am Main, 1969, ISBN 3-518-28205-0

- G.W.F.HEGEL, *Wissenschaft der Logik II*, Suhrkamp Verlag, Frankfurt am Main, 1969, ISBN 3-518-28206-9

- G.W.F.HEGEL, *Enzyklopädie der philosophischen Wissenschaften II*, Suhrkamp Verlag, Frankfurt am Main, 1978, ISBN 3-518-28209-3

- G.GÜNTHER, *Beiträge zur Grundlegung einer operationsfähigen Dialektik*, Bd.1-3, Felix Meiner Verlag, Hamburg, 1976-1980

- K.P.GROTEMEYER, *Topologie*, Bibliographisches Institut, Mannheim, 1969, ISBN B0000BRBXW

- EHRIG,MAHR,CORNELIUS,GROßE-RHODE,ZEITZ, *Mathematisch-strukturelle Grundlagen der Informatik*, Springer-Verlag, Berlin, Heidelberg, New York, 2001, ISBN 3-540-41923-3

- I.KANT, *Kritik der reinen Vernunft*, Felix Meiner Verlag, Hamburg, 1993, ISBN 3-7873-1154-8

- F.MAUTHNER, *Die drei Bilder der Welt, ein sprachkritischer Versuch*, Wittgenstein Studies, 1997, ISSN 0943-5727

- PLATON, *Der Staat*, Deutscher Taschenbuch Verlag, München, 1991, ISBN 3-423-02266-3

- T.MAYER-KUCKUK, *Atomphysik*, B.G.Teubner, Stuttgart, 1994, ISBN 3-519-33042-3

- F.MAMAN, *The Role of Music in the Twenty-First Century*, Tama-Dō Press, Redondo Beach CA., 1977, ISBN 0-9657714-0-7

- D.BREUNINGER, *Das physikalische Jenseits, Definition und Existenzbeweis*, Haag + Herchen Verlag, Frankfurt am Main, 1993, ISBN 3-89228-961-1